Impressum
Verlag: BABADADA GmbH, Nedderfeld 112 , 22529 Hamburg
Geschäftsführer / Verlagsleitung: Harald Hof
Druck: Books on Demand GmbH, In de Tarpen 42, 22848 Norderstedt

Imprint
Publisher: BABADADA GmbH, Nedderfeld 112 , 22529 Hamburg, Germany
Managing Director / Publishing direction: Harald Hof
Print: Books on Demand GmbH, In de Tarpen 42, 22848 Norderstedt

škola
koulu

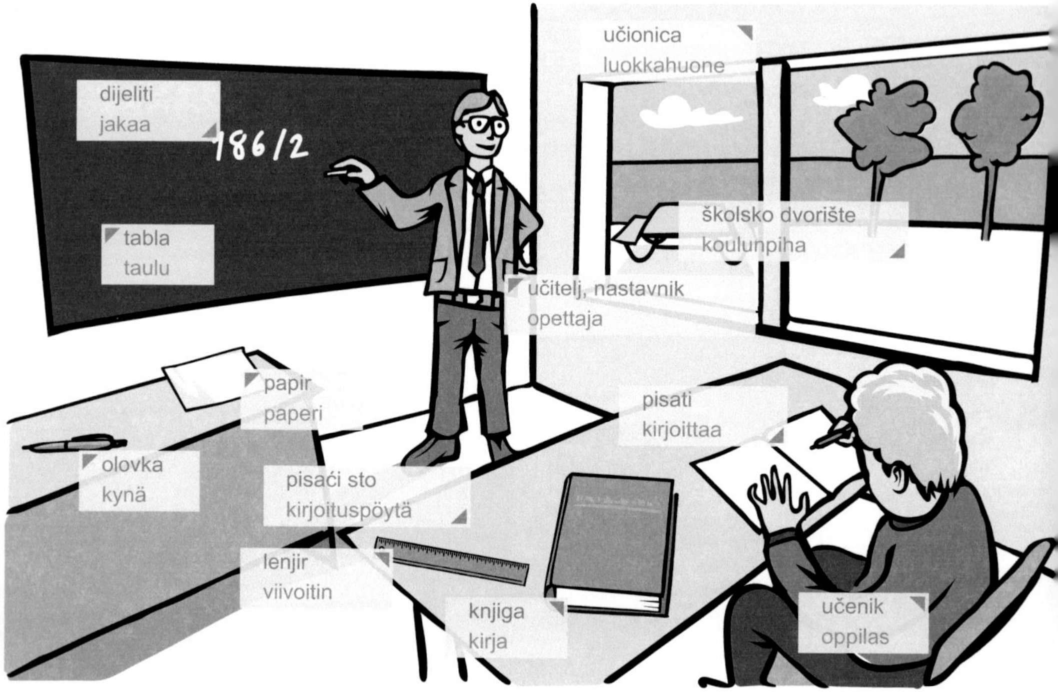

učionica
luokkahuone
dijeliti
jakaa
186/2
tabla
taulu
školsko dvorište
koulunpiha
učitelj, nastavnik
opettaja
papir
paperi
pisati
kirjoittaa
olovka
kynä
pisaći sto
kirjoituspöytä
lenjir
viivoitin
knjiga
kirja
učenik
oppilas

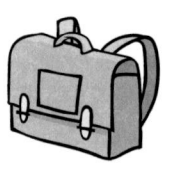

torba
....
reppu

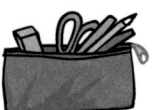

pernica
....
penaali

drvena olovka
....
lyijykynä

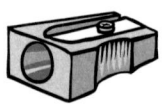

šiljalo za olovke
....
kynänteroitin

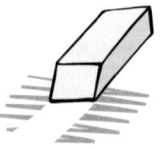

gumica
....
pyyhekumi

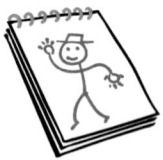

blok za crtanje
....
piirustuslehtiö

crtež

piirustus

kist

pensseli

kutija s bojama

vesivärit

makaze

sakset

ljepilo

liima

vježbanka

harjoituskirja

domaća zadaća

kotitehtävä

broj

luku

sabirati

lisätä

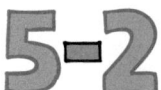

oduzimati

vähentää

množiti

kertoa

računati

laskea

slovo

kirjain

abeceda

aakkoset

riječ

sana

tekst

teksti

čitati

lukea

kreda

liitu

sat

oppitunti

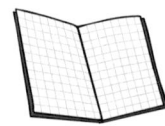

školski dnevnik

opettajan muistikirja

ispit

koe

svjedočanstvo

todistus

školska uniforma

koulupuku

izobrazba

koulutus

leksikon

sanakirja

univerzitet

yliopisto

mikroskop

mikroskooppi

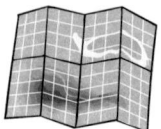

karta

kartta

korpa za papir

roskakori

putovanje
matka

hotel
hotelli
Grand
hostel
retkeilymaja
ROOMS
mjenjačnica
rahanvaihto
kofer
matkalaukku
auto
auto

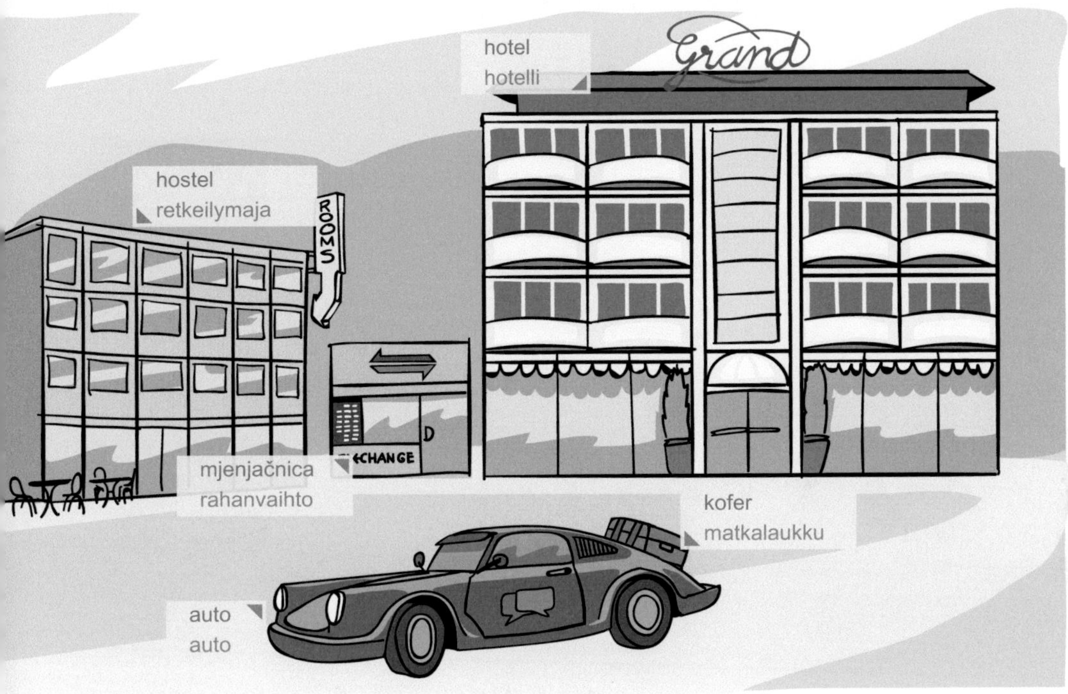

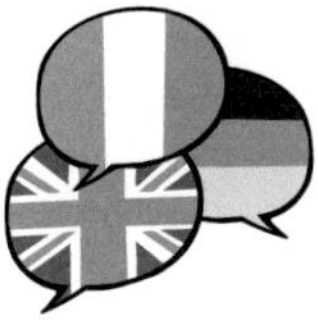

jezik

kieli

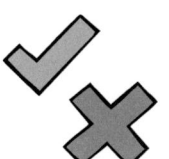

da / ne

kyllä / ei

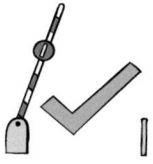

okej

selvä

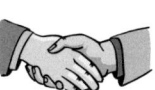

zdravo

hei

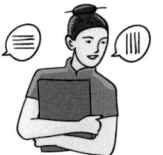

tumač

tulkki

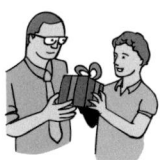

hvala

kiitos

Koliko košta...?

Paljonko...maksaa?

Ne razumijem

en ymmärrä

problem

ongelma

dobro veče!

Hyvää iltaa!

Dobro jutro!

Hyvää huomenta!

Laku noć!

Hyvää yötä!

doviđenja

näkemiin

smjer

suunta

prtljag

matkatavarat

torba

laukku

ruksak

reppu

gost

vieras

soba

huone

vreća za spavanje

makuupussi

šator

teltta

turističke informacije
·················
turisti-info

plaža
·················
ranta

kreditna kartica
·················
luottokortti

doručak
·················
aamupala

ručak
·················
lounas

večera
·················
päivällinen

putna karta
·················
matkalippu

lift
·················
hissi

poštanska markica
·················
postimerkki

granica
·················
raja

carina
·················
tulli

ambasada
·················
suurlähetystö

viza
·················
viisumi

pasoš
·················
passi

transport
kuljetus

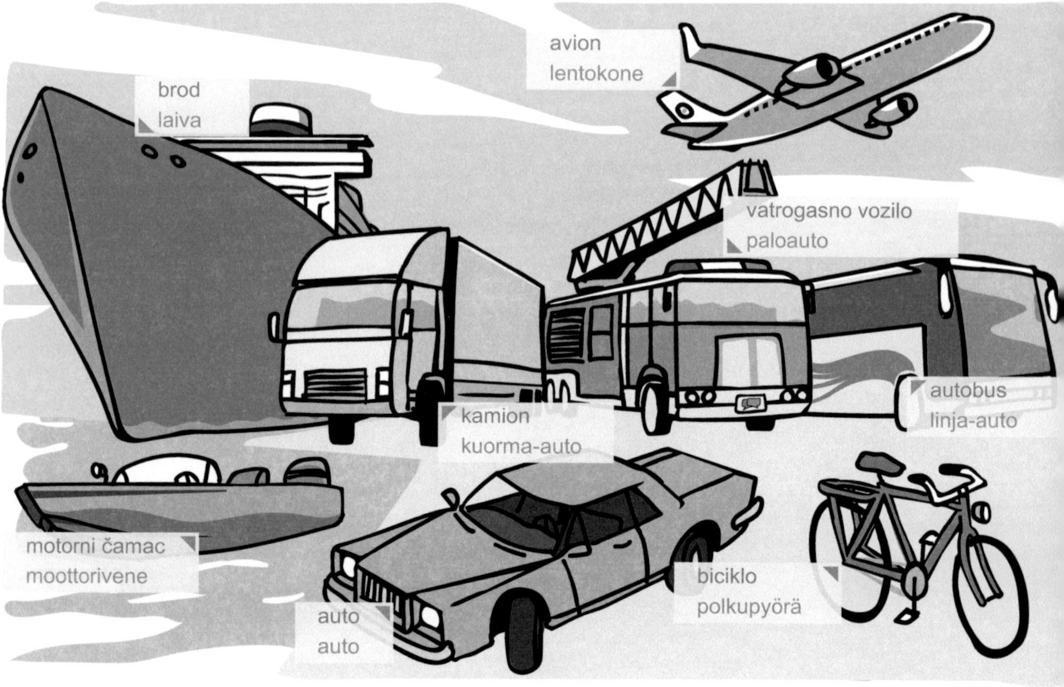
avion
lentokone
brod
laiva
vatrogasno vozilo
paloauto
kamion
kuorma-auto
autobus
linja-auto
motorni čamac
moottorivene
biciklo
polkupyörä
auto
auto

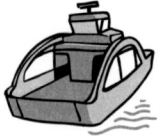

trajekt

lautta

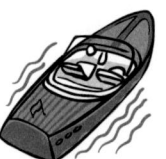

brod

vene

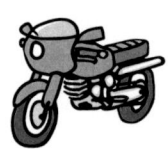

motocikl

moottoripyörä

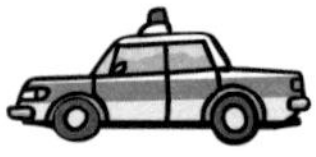

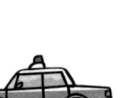

policijski automobil

poliisiauto

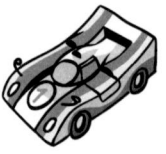

trkaći automobil

kilpa-auto

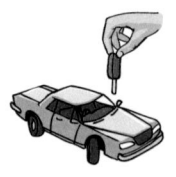

unajmljeni automobil

vuokra-auto

kar-šering

car sharing

pauk

hinausauto

smećarsko vozilo

roska-auto

motor

moottori

gorivo

polttoaine

benzinska pumpa

huoltoasema

saobraćajni znak

liikennemerkki

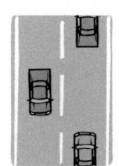

saobraćaj

liikenne

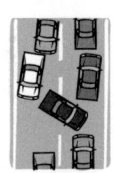

zastoj

ruuhka

parking

parkkipaikka

željeznička stanica

rautatieasema

šine

raiteet

voz

juna

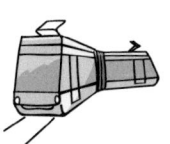

tramvaj

raitiovaunu

vagon

vaunu

helikopter

helikopteri

aerodrom

lentokenttä

toranj

lähilennonjohto

putnik

matkustaja

kontejner

kontti

karton

pahvilaatikko

tačke

kärryt

korpa

kori

poletjeti / sletjeti

nousta / laskea

grad
kaupunki

selo

kylä

centar grada

keskusta

kuća

talo

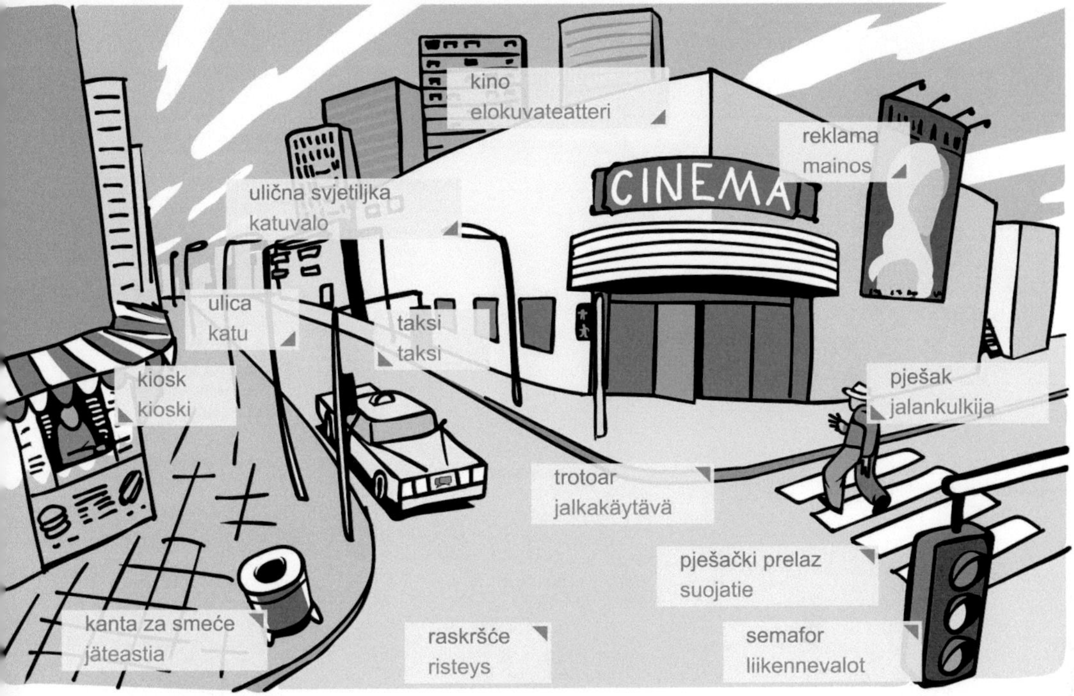

CINEMA
kino
elokuvateatteri
reklama
mainos
ulična svjetiljka
katuvalo
ulica
katu
taksi
taksi
kiosk
kioski
pješak
jalankulkija
trotoar
jalkakäytävä
pješački prelaz
suojatie
kanta za smeće
jäteastia
raskršće
risteys
semafor
liikennevalot

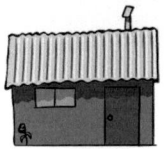

koliba

mökki

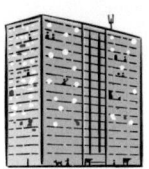

stan

kerrostalo

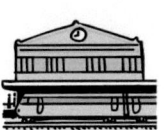

željeznička stanica

rautatieasema

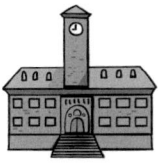

vjećnica

kaupungintalo

MUSEUM

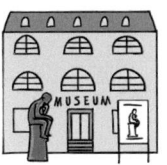

muzej

museo

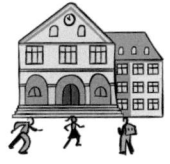

škola

koulu

univerzitet

yliopisto

banka

pankki

bolnica

sairaala

hotel

hotelli

apoteka

apteekki

ured

toimisto

knjižara

kirjakauppa

radnja

liike

cvjećara

kukkakauppa

supermarket

supermarketti

pijaca

tori

robna kuća

tavaratalo

prodavač ribe

kalakauppias

trgovački centar

ostoskeskus

luka

satama

park

puisto

klupa

penkki

most

silta

stepenice

portaat

podzemna željeznica

metro

tunel

tunneli

autobuska stanica

linja-autopysäkki

bar

baari

restoran

ravintola

poštanski sandučić

postilaatikko

saobraćajni znak

katukyltti

sat za naplatu parkinga

parkkimittari

zoološki vrt

eläintarha

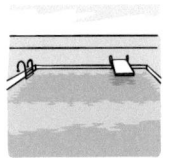

bazen

uimala

džamija

moskeija

seosko imanje

maatila

zagađenje okoline

ympäristön saastuminen

groblje

hautausmaa

crkva

kirkko

igralište

leikkikenttä

hram

temppeli

krajolik
maisema

list
lehti

putokaz
tienviitta

putokaz
tie

livada
niitty

kamen
kivi

putnik
retkeilijä

drvo
puu

rijeka
joki

trava
ruoho

cvijet
kukka

dolina

laakso

brdo

vuori

jezero

järvi

šuma

metsä

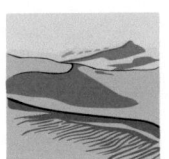

pustinja

aavikko

vulkan

tulivuori

dvorac

linna

duga

sateenkaari

gljiva

sieni

palma

palmu

komarac

hyttynen

muha

kärpänen

mrav

muurahainen

pčela

mehiläinen

pauk

hämähäkki

buba

kovakuoriainen

žaba

sammakko

vjeverica

orava

jež

siili

zec

jänis

sova

pöllö

ptica

lintu

labud

joutsen

divlja svinja

villisika

jelen

peura

los

hirvi

brana

pato

vjetrenjača

tuulimylly

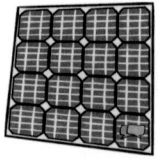

solarni modul

aurinkopaneeli

klima

ilmasto

restoran
ravintola

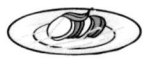

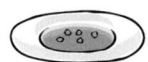

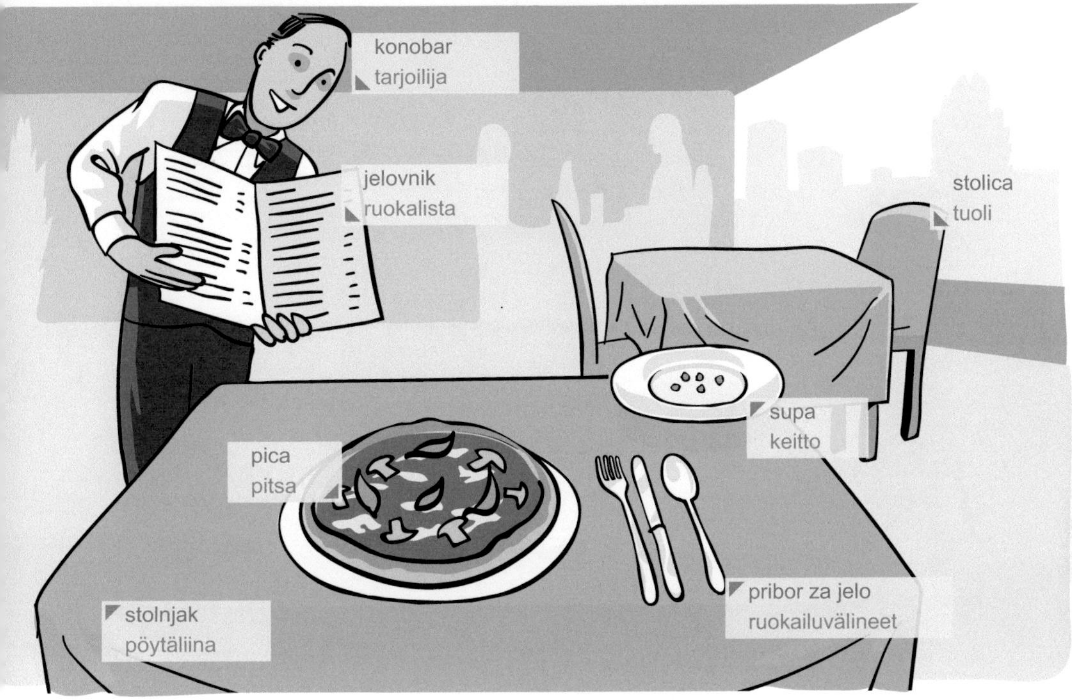
konobar
tarjoilija
jelovnik
ruokalista
stolica
tuoli
supa
keitto
pica
pitsa
pribor za jelo
ruokailuvälineet
stolnjak
pöytäliina

predjelo

alkuruoka

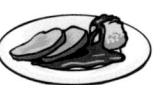

glavno jelo

pääruoka

desert

jälkiruoka

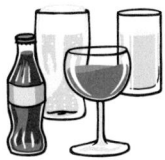

piće

juomat

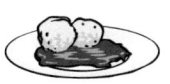

jelo

ruoka

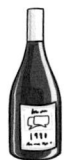

flaša

pullo

brza hrana

pikaruoka

jelo sa ulice

katuruoka

čajnik

teekannu

šećernica

sokeriastia

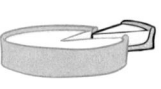

porcija

annos

mašina za espreso

espressokeitin

barska stolica

syöttötuoli

račun

lasku

tacna

tarjotin

nož

veitsi

viljuška

haarukka

kašika

lusikka

kašičica

teelusikka

salveta

servietti

čaša

lasi

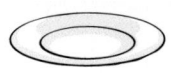

tanjir

lautanen

tanjir za supu

syvä lautanen

tanjurić

aluslautanen

sos

kastike

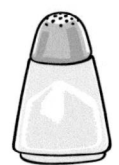

solanik

suolasirotin

mlin za biber

pippurimylly

sirće

etikka

ulje

öljy

začini

mausteet

kečap

ketsuppi

senf

sinappi

majoneza

majoneesi

supermarket
supermarketti

ponuda
tarjous
FOR
klijent
asiakas
mliječni proizvodi
maitotuotteet
voće
hedelmät
kolica za kupovinu
ostoskärryt

BUTCHERS

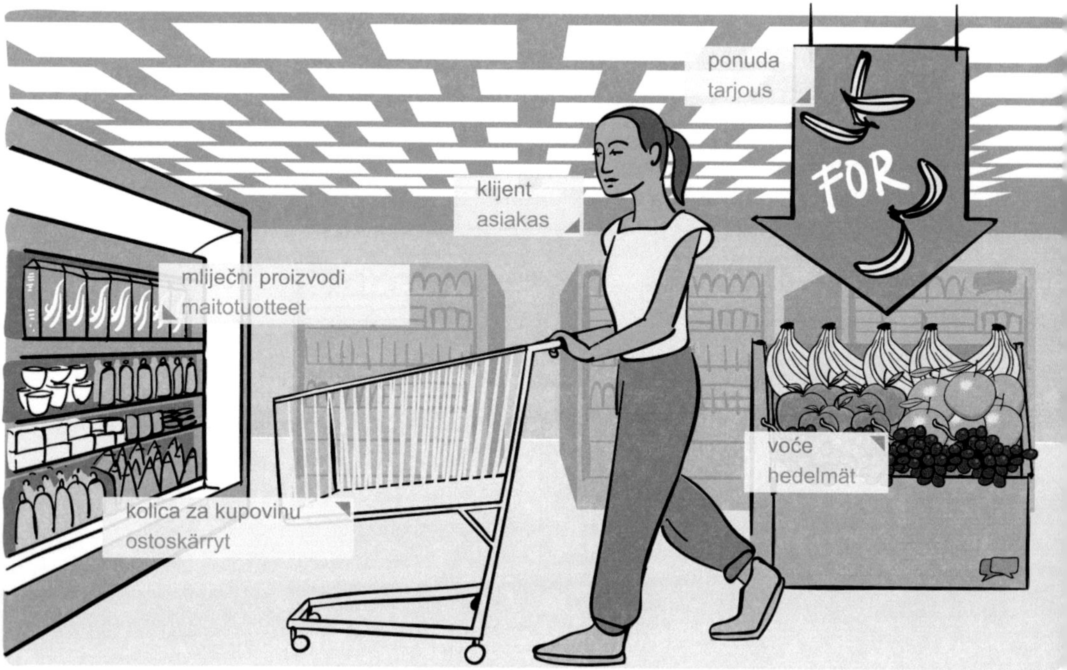

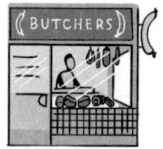

mesnica- klaonica

teurastamo

BAKERY

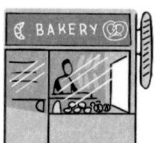

pekara

leipomo

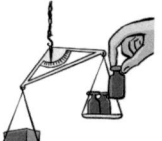

vagati

punnita

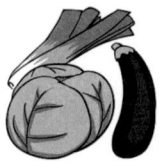

povrće

kasvikset

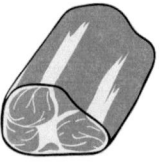

meso

liha

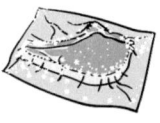

zaleđena hrana

pakasteet

narezak

leikkele

konzerve

säilykkeet

prašak za veš

pesujauhe

slatkiši

makeiset

kućanski proizvodi

kotitaloustarvikkeet

sredstvo za čišćenje

puhdistusaineet

prodavačica

myyjä

kasa

kassa

blagajnik

kassanhoitaja

lista za kupovinu

ostoslista

radno vrijeme

aukioloajat

novčanik

lompakko

kreditna kartica

luottokortti

torba

kassi

najlonska vrećica

muovipussi

voda
vesi

sok
mehu

mlijeko
maito

kola
kokis

vino
viini

pivo
olut

alkohol
alkoholi

kakao
kaakao

čaj
tee

kafa
kahvi

espreso
espresso

kapućino
cappuccino

banana

banaani

jabuka

omena

narandža

appelsiini

lubenica

meloni

limun

sitruuna

mrkva

porkkana

bijeli luk

valkosipuli

bambus

bambu

crveni luk

sipuli

gljiva

sieni

orašasti plodovi

pähkinät

pasta

spagetti

špagete
spagetti

riža
riisi

salata
salaatti

pomfrit
ranskalaiset

pečeni krompir
paistetut perunat

pica
pitsa

hamburger
hampurilainen

sendvič
voileipä

šnicla
leike

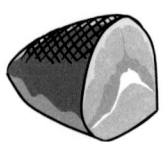

šunka
kinkku

kobasica
salami

kobasica
makkara

kokoš
kana

pečenje
paisti

riba
kala

zobene pahuljice

kaurahiutaleet

muzli

mysli

kornfleks

murot

brašno

jauho

kroason

voisarvi

zemičke

sämpylä

kruh

leipä

tost

paahtoleipä

keksi

keksit

maslac

voi

svježi sir

rahka

kolač

kakku

jaje

kananmuna

jaje na oko

paistettu kananmuna

sir

juusto

sladoled
jäätelö

šećer
sokeri

med
hunaja

marmelada
hillo

nugat krema
suklaapähkinälevite

kuri
curry

jelo - ruoka

seosko imanje
maatila

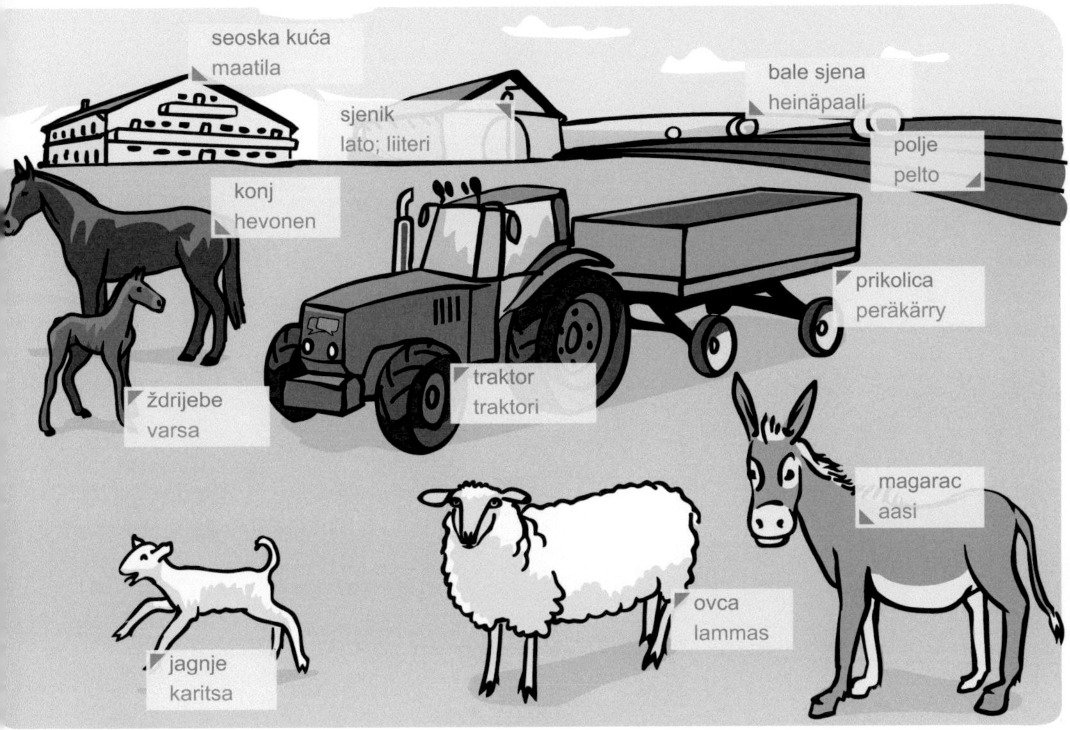

seoska kuća
maatila
sjenik
lato; liiteri
bale sjena
heinäpaali
polje
pelto
konj
hevonen
prikolica
peräkärry
ždrijebe
varsa
traktor
traktori
magarac
aasi
ovca
lammas
jagnje
karitsa

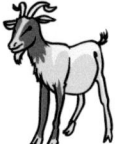

koza

vuohi

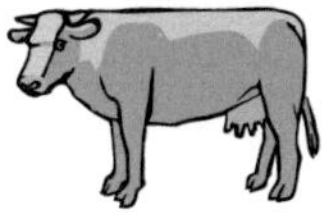

krava

lehmä

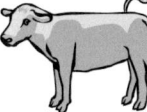

tele

vasikka

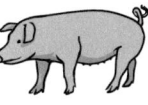

svinja

sika

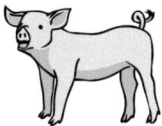

prase

porsas

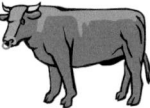

bik

sonni

guska

hanhi

patka

ankka

pile

tipu

kokoška

kana

pjetao

kukko

pacov

rotta

mačka

kissa

miš

hiiri

vol

härkä

pas

koira

pseća kućica

koirankoppi

crijevo za baštu

puutarhaletku

kanta za zalijevanje

kastelukannu

kosa

viikate

plug

aura

srp
sirppi

motika
kuokka

vile
talikko

sjekira
kirves

tačke
kottikärryt

korito
kaukalo

bokal za mlijeko
maitokannu

vreća
säkki

ograda
aita

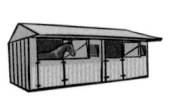

štala
talli

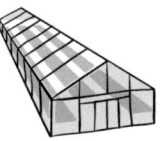

staklenik
kasvihuone

tlo
maa

sjeme
siemen

đubrivo
lannoite

kombajn
leikkuupuimuri

kositi
kerätä sato

žetva
sato

jam korijen
jamssit

pšenica
vehnä

soja
soija

krompir
peruna

kukuruz
maissi

uljana repica
rypsi

drvo voća
hedelmäpuu

manioka
maniokki

žito
vilja

kuća
talo

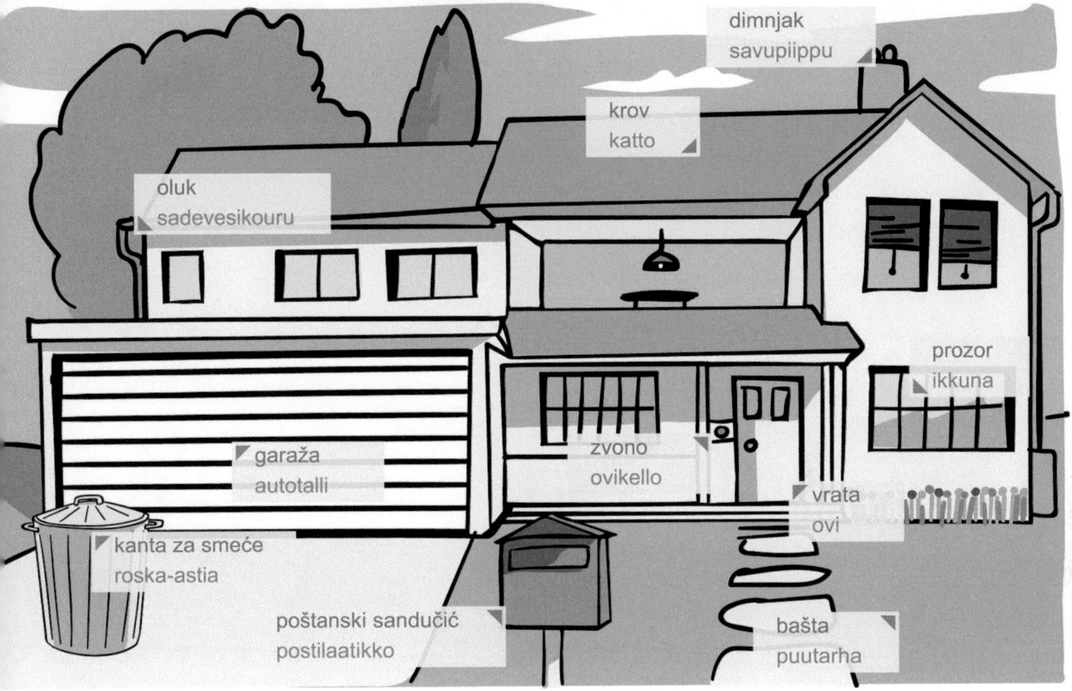

dimnjak
savupiippu
krov
katto
oluk
sadevesikouru
prozor
ikkuna
zvono
ovikello
garaža
autotalli
vrata
ovi
kanta za smeće
roska-astia
poštanski sandučić
postilaatikko
bašta
puutarha

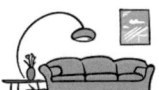

dnevni boravak

olohuone

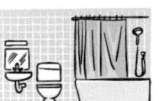

kupatilo

kylpyhuone

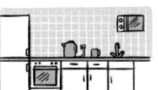

kuhinja

keittiö

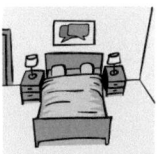

spavaća soba

makuuhuone

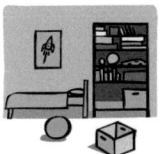

dječija soba

lastenhuone

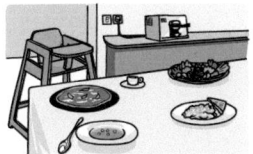

trpezarija

ruokahuone

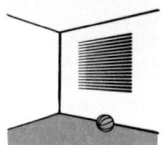

pod, tlo

lattia

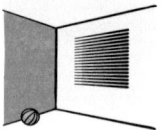

zid

seinä

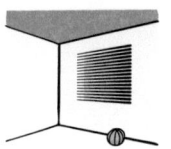

plafon

katto

podrum

kellari

sauna

sauna

balkon

parveke

terasa

terassi

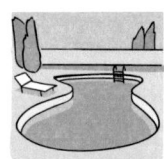

bazen

uima-allas

kosilica

ruohonleikkuri

posteljina

lakana

pokrivač

päiväpeitto

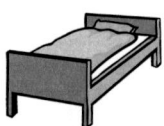

krevet

sänky

metla

harja

kanta

ämpäri

prekidač

katkaisin

dnevni boravak
olohuone

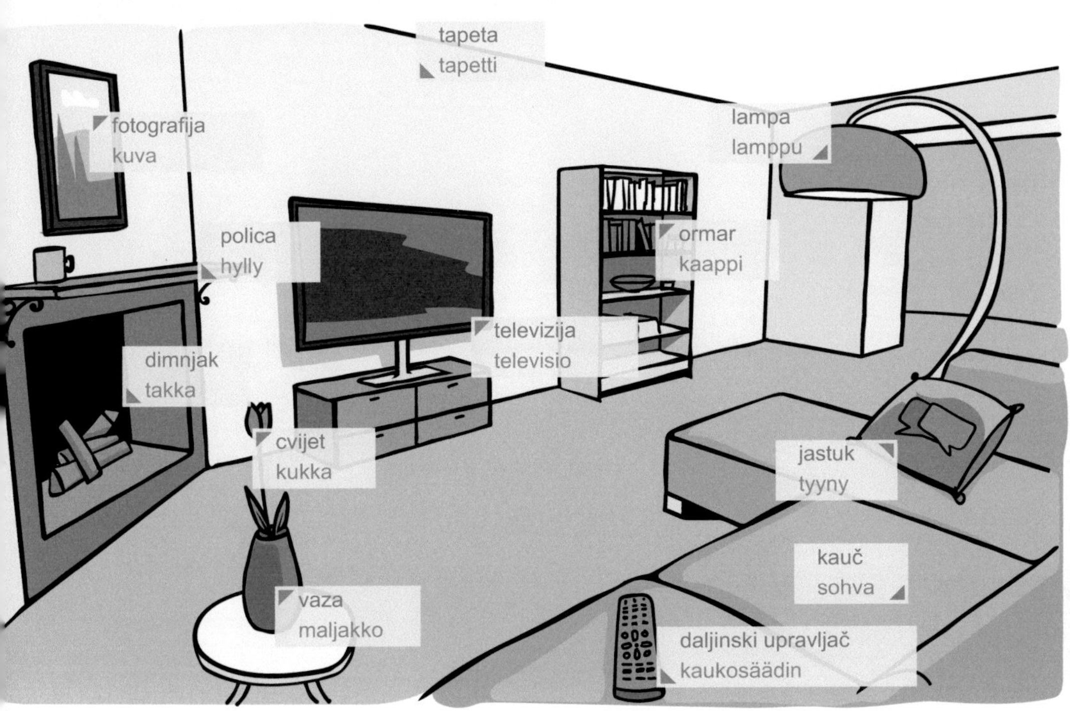

tapeta
tapetti
fotografija
kuva
lampa
lamppu
polica
hylly
ormar
kaappi
televizija
televisio
dimnjak
takka
cvijet
kukka
jastuk
tyyny
kauč
sohva
vaza
maljakko
daljinski upravljač
kaukosäädin

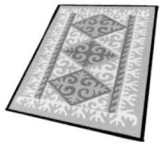

tepih

matto

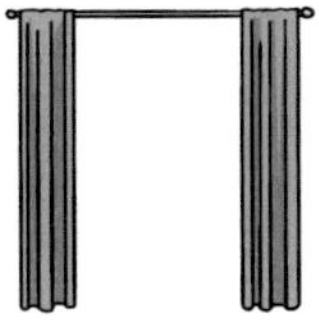

zavjesa

verho

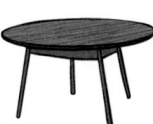

stol

pöytä

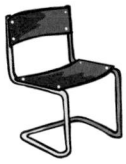

stolica

tuoli

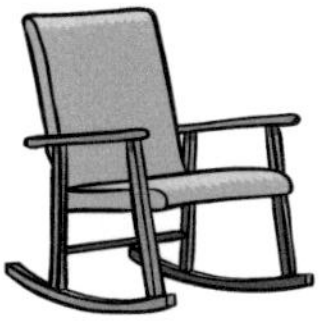

stolica za ljuljanje

keinutuoli

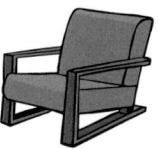

fotelja

nojatuoli

knjiga

kirja

deka

peitto

dekoracija

koriste

ložno drvo

polttopuut

film

elokuva

stereo uređaj

stereot

ključ

avain

novine

sanomalehti

umjetnička slika

maalaus

poster

juliste

radio

radio

blok za bilješke

muistivihko

usisavač

pölynimuri

kaktus

kaktus

svijeća

kynttilä

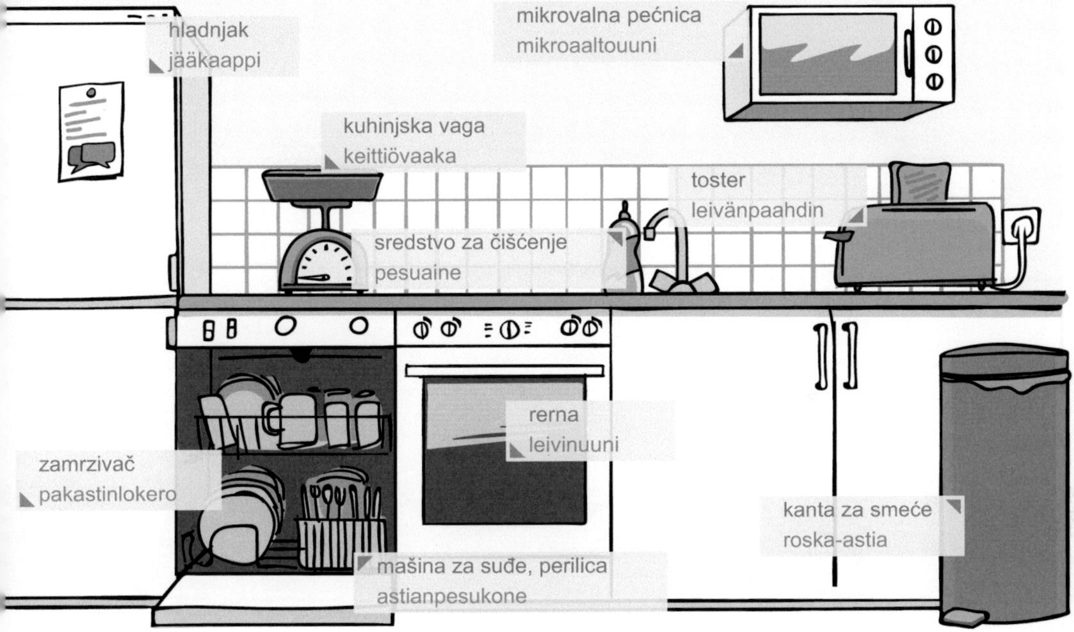

hladnjak
jääkaappi

mikrovalna pećnica
mikroaaltouuni

kuhinjska vaga
keittiövaaka

toster
leivänpaahdin

sredstvo za čišćenje
pesuaine

rerna
leivinuuni

zamrzivač
pakastinlokero

kanta za smeće
roska-astia

mašina za suđe, perilica
astianpesukone

peć

liesi

lonac

kattila

metalni lonac

rautapata

vok / kadai

vokkipannu / kadai-pannu

tava, tiganj

paistinpannu

kuhalo

teepannu

aparat za kuhanje na pari

höyrykeitin

lim za pečenje

uunipelti

posuđe

astiat

šalica

muki

činija

kulho

kineski štapići

syömäpuikot

kutlača

kauha

lopatica

paistinlasta

metlica za snijeg bjelanjca

vispilä

sito za kuhanje

siivilä

sito

siivilä

ribež

raastin

avan s tučkom

mortteli

roštilj

grilli

ložište

avotuli

daska

leikkuulauta

oklagija

kaulin

vadičep

korkinavaaja

konzerva

purkki

otvarač za konzerve

purkinavaaja

krpe za lonac

pannulappu

sudoper

lavuaari

četka

tiskiharja

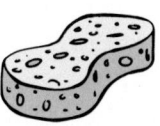

spužva

pesusieni

mikser

tehosekoitin

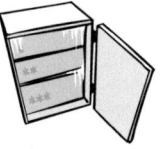

zamrzivač

pakastin

flašica za bebu

tuttipullo

slavina

vesihana

kupatilo
kylpyhuone

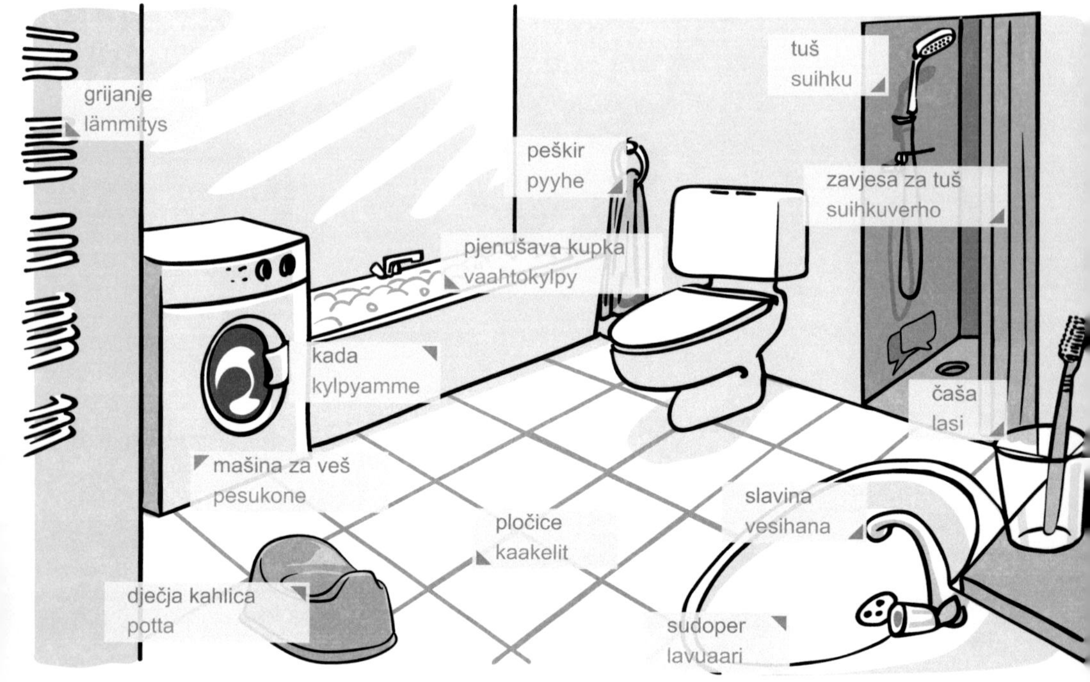

grijanje
lämmitys
tuš
suihku
peškir
pyyhe
zavjesa za tuš
suihkuverho
pjenušava kupka
vaahtokylpy
kada
kylpyamme
čaša
lasi
mašina za veš
pesukone
slavina
vesihana
pločice
kaakelit
dječja kahlica
potta
sudoper
lavuaari

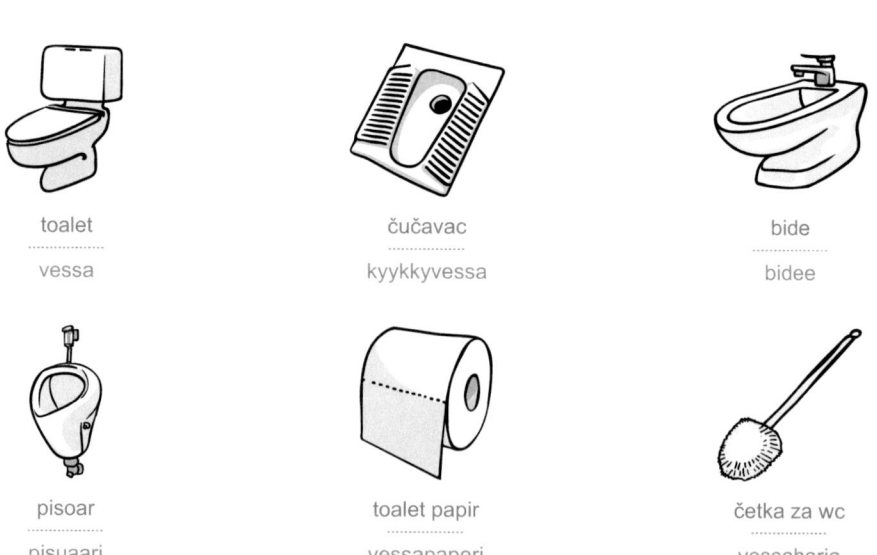

toalet

vessa

čučavac

kyykkyvessa

bide

bidee

pisoar

pisuaari

toalet papir

vessapaperi

četka za wc

vessaharja

četkica za zube

hammasharja

pasta za zube

hammastahna

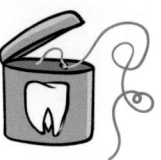

zubni konac

hammaslanka

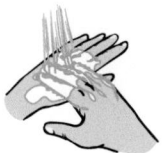

prati

pestä

tuš

käsisuihku

intimni tuš

intiimisuihku

lavor

pesuvati

četka za leđa

selkäharja

sapun

saippua

gel za tuširanje

suihkugeeli

šampon

shampoo

krpe za pranje

pesulappu

odvod

viemäri

krema

voide

dezodorans

deodorantti

ogledalo

peili

ogledalo za šminkanje

käsipeili

brijač

partaveitsi

pjena za brijanje

partavaahto

vodica poslije brijanja

partavesi

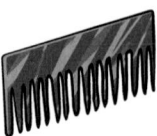

češalj

kampa

četka

harja

fen

hiustenkuivaaja

sprej za kosu

hiuslakka

puder

meikki

karmin

huulipuna

lak za nokte

kynsilakka

vata

pumpuli

makazice za nokte

kynsisakset

parfem

hajuvesi

kozmetička torbica

kosmetiikkalaukku

hoklica

jakkara

vaga

vaaka

kupaći ogrtač

kylpytakki

rukavice za čišćenje

kumihansikkaat

tampon

tamponi

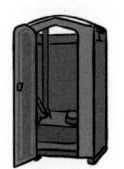

uložak za dame

terveysside

hemijski toalet

kemiallinen wc

dječija soba
lastenhuone

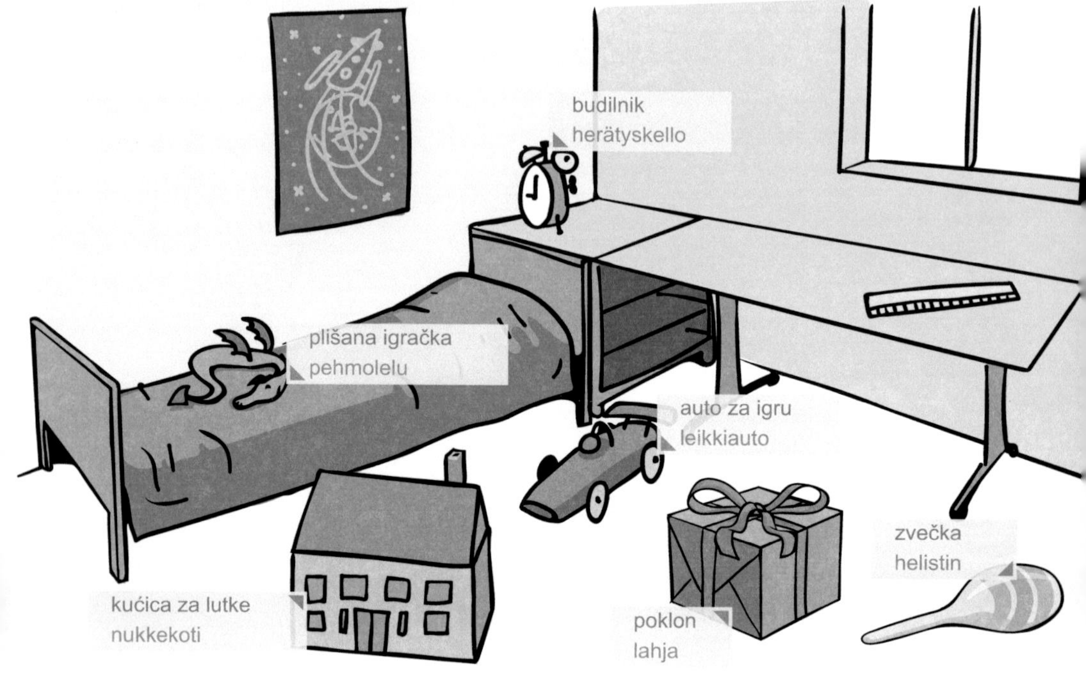
budilnik
herätyskello
plišana igračka
pehmolelu
auto za igru
leikkiauto
zvečka
helistin
kućica za lutke
nukkekoti
poklon
lahja

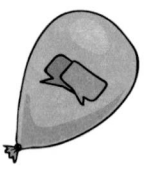

balon

ilmapallo

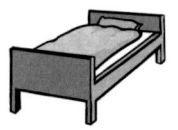

krevet

sänky

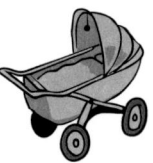

kolica za djecu

lastenvaunut

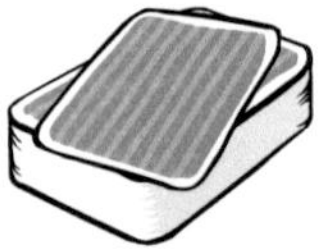

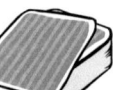

karte za igranje

korttipeli

puzle

palapeli

SUPER
MEGA

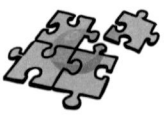

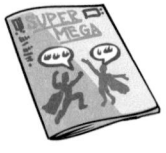

strip

sarjakuva

lego kockice

legopalikat

kockice za gradnju

rakennuspalikat

akcione figure

supersankari

benkica

potkupuku

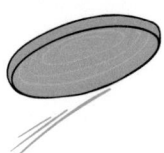

frizbi

frisbee

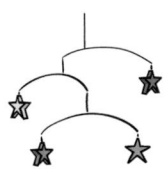

mobile

mobile

igra na ploči

lautapeli

kocka

noppa

miniatura željeznice

pienoisjunarata

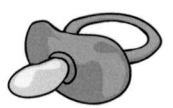

cucla

tutti

zabava

juhlat

slikovnica

kuvakirja

lopta

pallo

lutka

nukke

igrati

leikkiä

pješćanik

hiekkalaatikko

ljuljačka

keinu

igračke

lelut

konzola za igru

pelikonsoli

triciklo

kolmipyörä

medvjedić

nalle

ormar

vaatekaappi

odjeća
vaatteet

kratke čarape

sukat

čarape

nylonsukat

hulahopke

sukkahousut

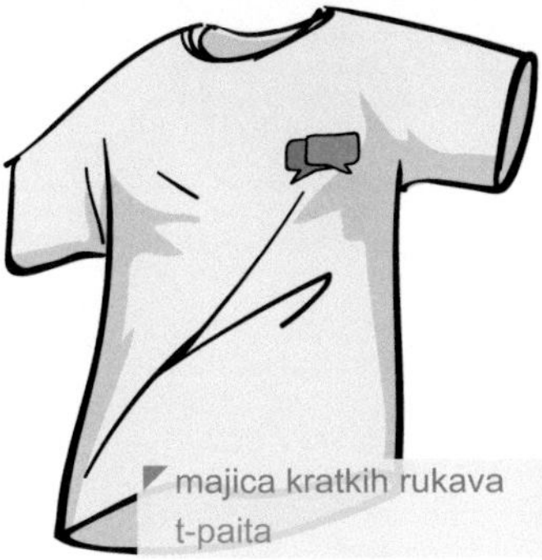

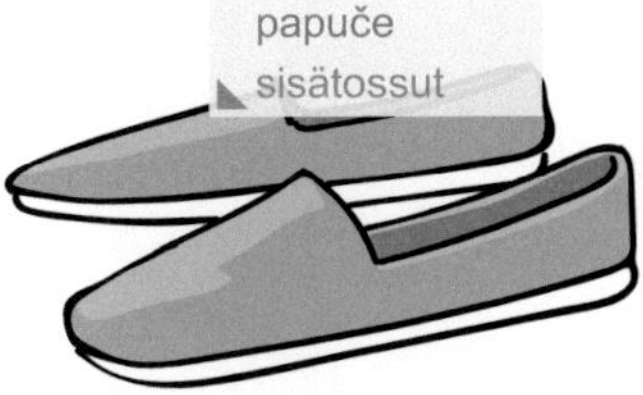

šal
kaulaliina

kaiš
vyö

kišobran
sateenvarjo

majica kratkih rukava
t-paita

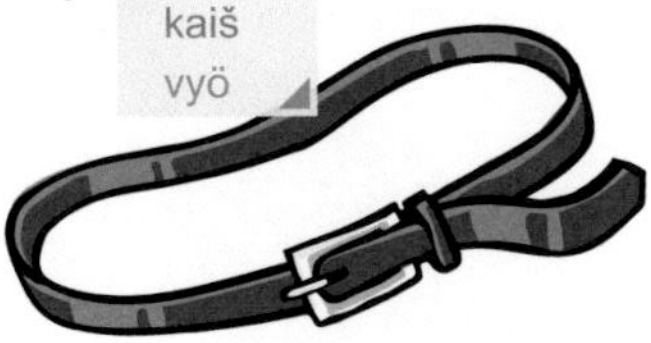

čizme
saappaat

papuče
sisätossut

patike
lenkkarit

sandale

sandaalit

cipele

kengät

gumene čizme

kumisaappaat

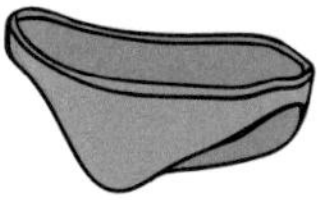

gaće

alushousut

grudnjak

rintaliivit

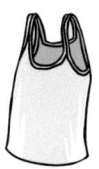

potkošulja

aluspaita

bodi

body

hlače

housut

farmerke

farkut

suknja

hame

bluza

pusero

košulja

paita

džemper

villapaita

majica

collegepaita

sako

jakku

jakna

takki

mantil

takki

kišni mantil

sadetakki

kostim

puku

haljina

mekko

vjenčanica

hääpuku

odijelo

puku

spavaćica

yöpaita

pidžama

pyjama

sari

shari

marama

päähuivi

turban

turbaani

burka

burka

kaftan

kaftaani

abaja

abaya

kupaći kostim

uimapuku

kupaće gaće

uimahousut

kratke hlače

shortsit

trenerka

verkkarit

pregača

esiliina

rukavice

käsineet

dugme

nappi

naočare

silmälasit

narukvica

rannekoru

ogrlica

kaulakoru

prsten

sormus

naušnica

korvakoru

kapa

lippalakki

vješalica

ripustin

šešir

hattu

kravata

solmio

patentni zatvarač

vetoketju

kaciga

kypärä

tregeri za hlače

henkselit

školska uniforma

koulupuku

uniforma

univormu

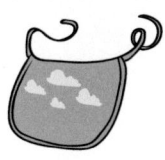

podbradak

ruokalappu

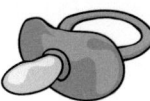

cucla

tutti

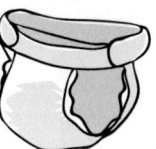

pelene

vaippa

ured

toimisto

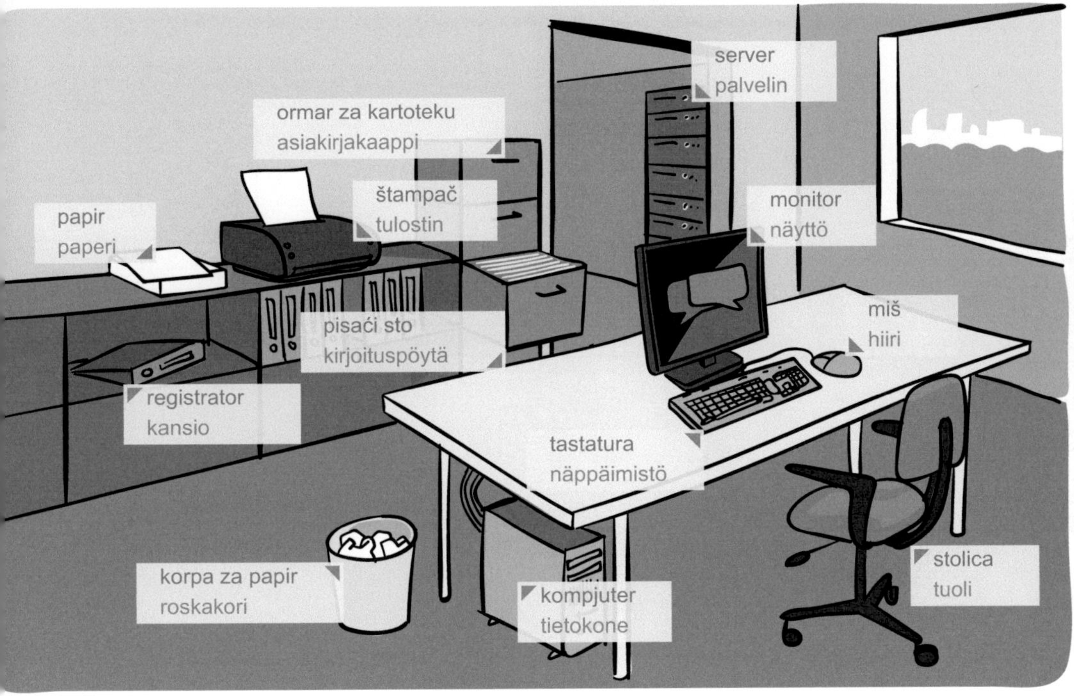

server
palvelin
ormar za kartoteku
asiakirjakaappi
štampač
tulostin
papir
paperi
monitor
näyttö
miš
hiiri
pisaći sto
kirjoituspöytä
registrator
kansio
tastatura
näppäimistö
korpa za papir
roskakori
kompjuter
tietokone
stolica
tuoli

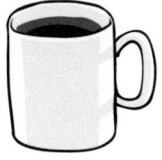

šolja za kafu

kahvimuki

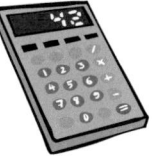

kalkulator

taskulaskin

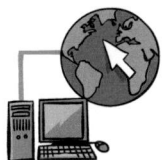

internet

internet

laptop

kannettava tietokone

pismo

kirje

poruka

viesti

mobilni telefon

kännykkä

mreža

verkko

aparat za kopiranje

kopiokone

softver

ohjelmisto

telefon

puhelin

utičnica

pistorasia

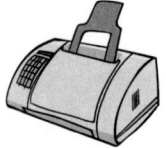

faks

faksi

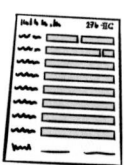

formular

lomake

dokument

asiakirja

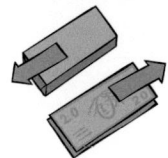

kupovati
ostaa

platiti
maksaa

trgovati
vaihtaa

novac
raha

dolar
dollari

euro
euro

jen
jeni

rublja
rupla

franak
frangi

renminbi jen
renminbi juan

rupi
rupia

bankomat
pankkiautomaatti

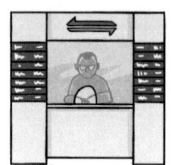

mjenjačnica

rahanvaihto

zlato

kulta

srebro

hopea

nafta

öljy

energija

energia

cijena

hinta

ugovor

sopimus

porez

vero

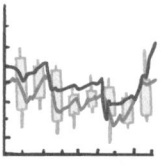

akcija

osake

raditi

työskennellä

službenik

työntekijä

poslodavac

työnantaja

fabrika

tehdas

radnja

liike

policajac
poliisi

vatrogasac
palomies

kuhar
kokki

ljekar
lääkäri

pilot
lentäjä

baštovan

puutarhuri

stolar

puuseppä

krojačica

ompelija

sudija

tuomari

hemičar

kemisti

glumac

näyttelijä

vozač autobusa

linja-autonkuljettaja

vozač taksija

taksinkuljettaja

ribar

kalastaja

čistačica

siivooja

krovopokrivač

katontekijä

konobar

tarjoilija

lovac

metsästäjä

moler

maalari

pekar

leipuri

električar

sähköasentaja

građevinski radnik

rakentaja

inženjer

insinööri

koljač

teurastaja

limar, vodoinstalater

putkiasentaja

poštar

postinjakaja

vojnik

sotilas

arhitekta

arkkitehti

blagajnik

kassanhoitaja

cvjećar

floristi

frizer

kampaaja

kontrolor

konduktööri

mehaničar

mekaanikko

kapiten

kapteeni

zubar

hammaslääkäri

naučnik

tiedemies

rabin

rabbi

imam

imaami

monah

munkki

sveštenik

pappi

alat
työkalut

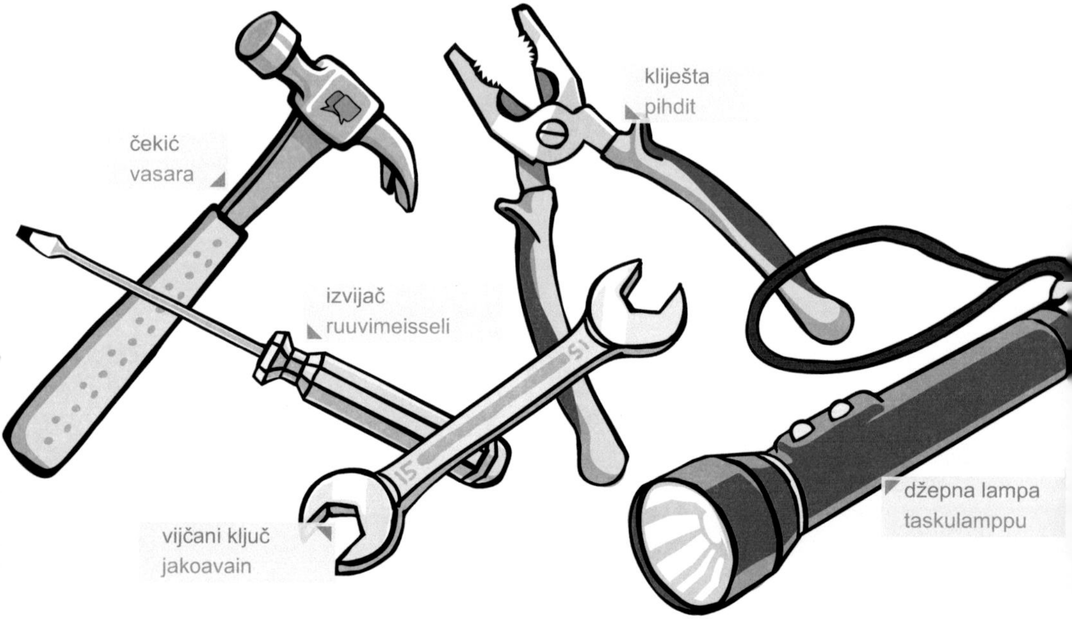
kliješta
pihdit
čekić
vasara
izvijač
ruuvimeisseli
džepna lampa
taskulamppu
vijčani ključ
jakoavain

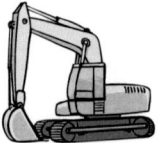

bager
kaivinkone

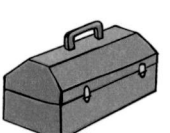

kutija sa alatom
työkalupakki

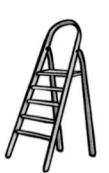

ljestve
tikkaat

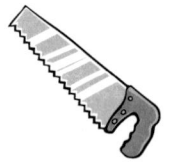

testera, pila
saha

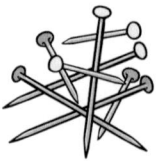

ekser
naulat

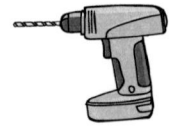

bušilica
pora

popraviti

korjata

lopata

lapio

sranje!

Hitto!

lopatica

rikkalapio

kanta boje

maalipurkki

vijak

ruuvit

muzički instrumenti
soittimet

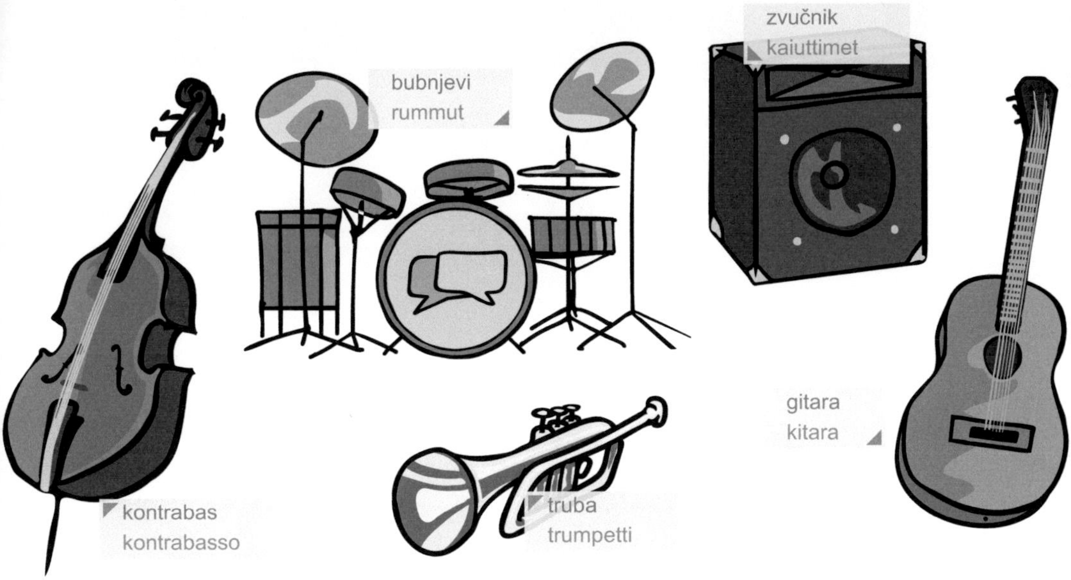

zvučnik
kaiuttimet

bubnjevi
rummut

kontrabas
kontrabasso

truba
trumpetti

gitara
kitara

klavir

piano

violina

viulu

bas

basso

bubanj timpani

patarummut

bubanj

rumpu

sintisajzer

kosketinsoitin

saksofon

saksofoni

flauta

huilu

mikrofon

mikrofoni

zološki vrt
eläintarha

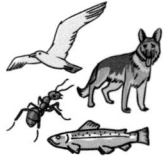

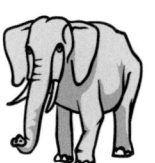

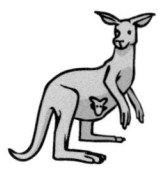

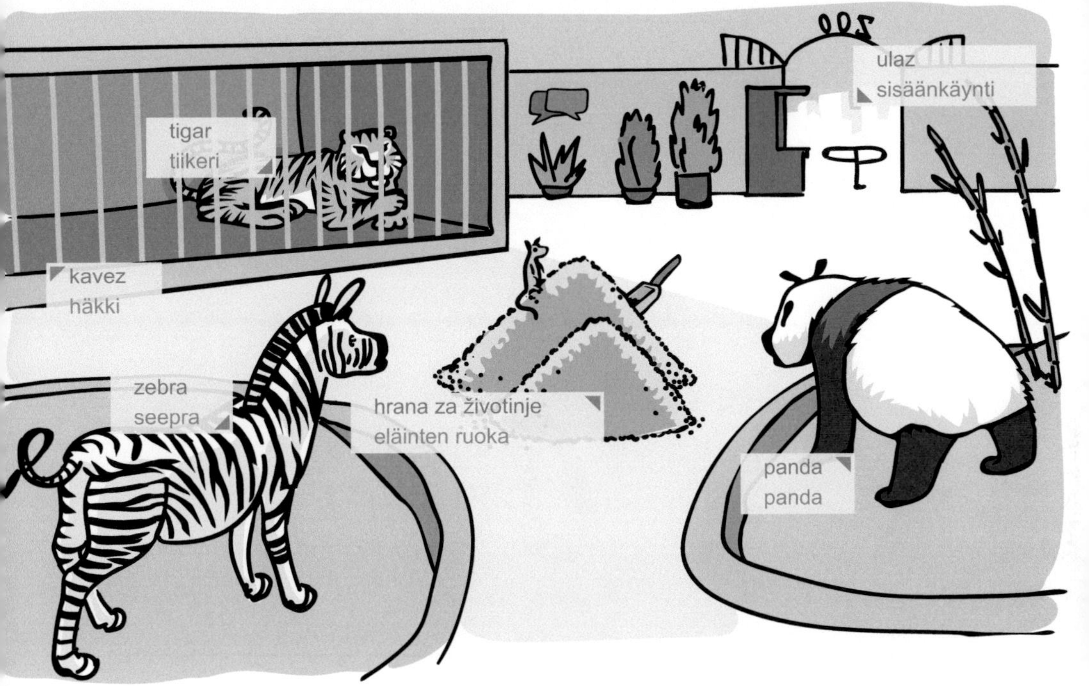

tigar
tiikeri
ulaz
sisäänkäynti
kavez
häkki
zebra
seepra
hrana za životinje
eläinten ruoka
panda
panda

životinje
eläimet

slon
norsu

kengur
kenguru

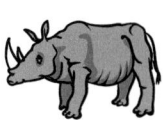

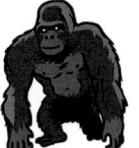

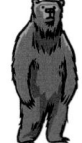

nosorog
sarvikuono

gorila
gorilla

medvjed
karhu

kamila

kameli

noj

strutsi

lav

leijona

majmun

apina

flamingo

flamingo

papagaj

papukaija

polarni medvjed

jääkarhu

pingvin

pingviini

morski pas

hai

paun

riikinkukko

zmija

käärme

krokodil

krokotiili

čuvar u zološkom vrtu

eläintarhanhoitaja

tuljan

hylje

jaguar

jaguaari

poni
poni

leopard
leopardi

nilski konj
virtahepo

žirafa
kirahvi

orao
kotka

divlja svinja
villisika

riba
kala

kornjača
kilpikonna

morž
mursu

lisica
kettu

gazela
gaselli

americki fudbal
amerikkalainen jalkapallo

vožnja bicikla
pyöräily

tenis
tennis

košarka
koripallo

plivanje
uinti

boks
nyrkkeily

hokej na ledu
jääkiekko

fudbal

jalkapallo

bedminton

sulkapallo

laka atletika

yleisurheilu

rukomet

käsipallo

skijanje

hiihto

polo

poolo

aktivnosti
aktiviteetit

skakati
hypätä
pjevati
laulaa
zagrliti
halata
smijati se
nauraa
ići
kävellä
sanjati
unelmoida
moliti
rukoilla
ljubiti
suudella

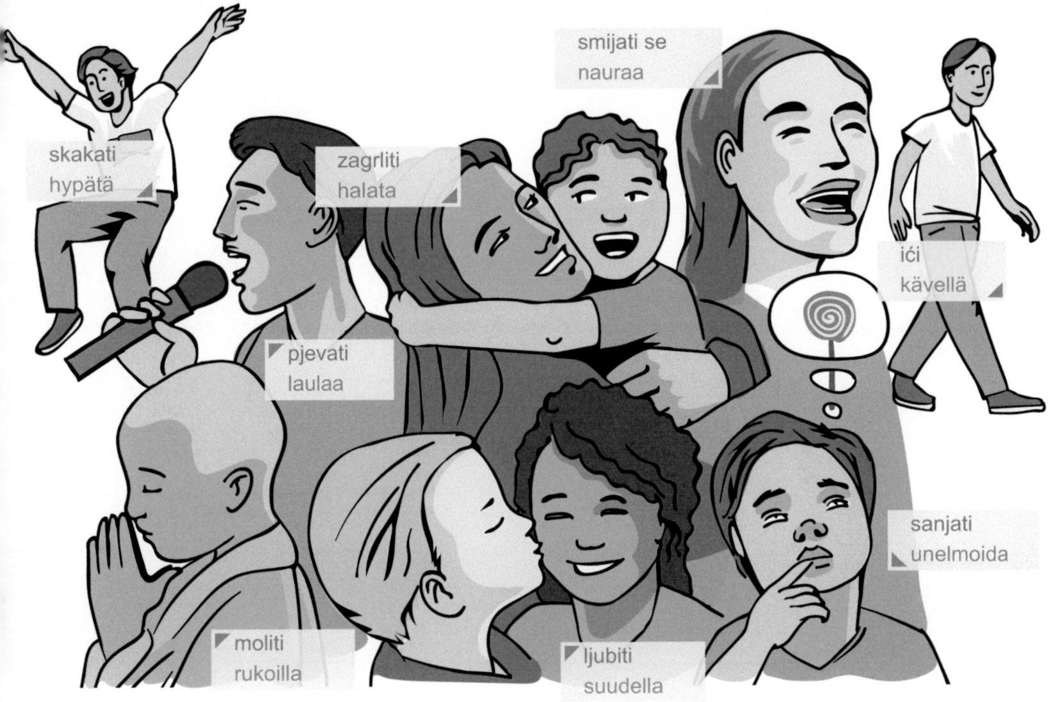

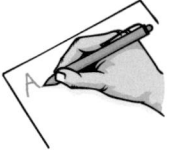

pisati

kirjoittaa

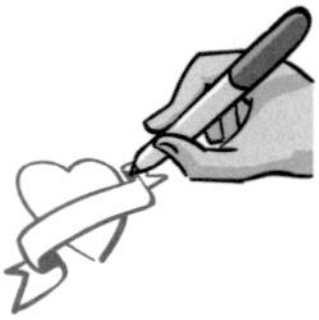

crtati

piirtää

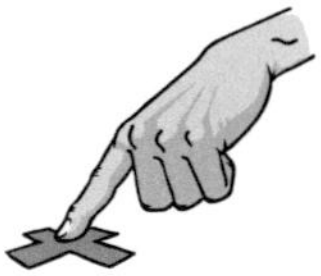

pokazati

näyttää

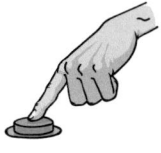

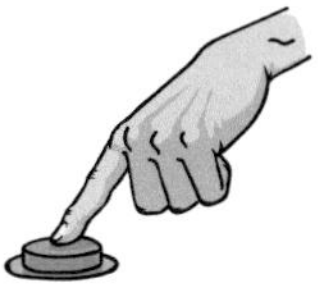

gurati

painaa

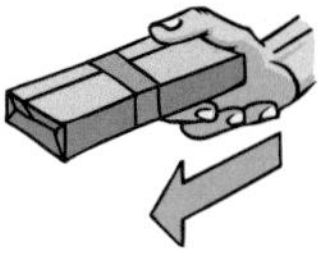

dati

antaa

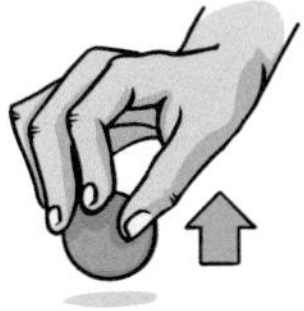

uzeti

ottaa

imati

omistaa

raditi

tehdä

biti

olla

stajati

seisoa

trčati

juosta

vući

vetää

baciti

heittää

pasti

kaatua

ležati

maata

čekati

odottaa

nositi

kantaa

sjediti

istua

obući

pukeutua

spavati

nukkua

probuditi

herätä

pogledati

katsoa

plakati

itkeä

milovati

silittää

češljati

kammata

govoriti

puhua

razumjeti

ymmärtää

pitati

kysyä

slušati

kuunnella

piti

juoda

jesti

syödä

pospremiti

siivota

voljeti

rakastaa

kuhati

keittää

voziti

ajaa

letjeti

lentää

jedriti

purjehtia

računati

laskea

čitati

lukea

učiti

oppia

raditi

työskennellä

vjenčavti

mennä naimisiin

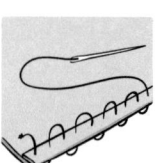

šiti

ommella

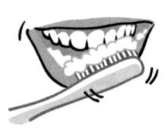

prati zube

pestä hampaat

ubiti

tappaa

pušiti

tupakoida

slati

lähettää

baka
mummo

djed
ukki

otac
isä

majka
äiti

beba
vauva

kćerka
tytär

sin
poika

gost

vieras

ujna, tetka, strina

täti

ujak, tetak, stric

setä

brat

veli

sestra

sisko

tijelo

vartalo

čelo
otsa
oko
silmä
leđa
olkapää
prst
sormet
lice
kasvot
brada
leuka
ruka, šaka
käsi
noga
jalka
grudi
rinta
ruka
käsivarsi

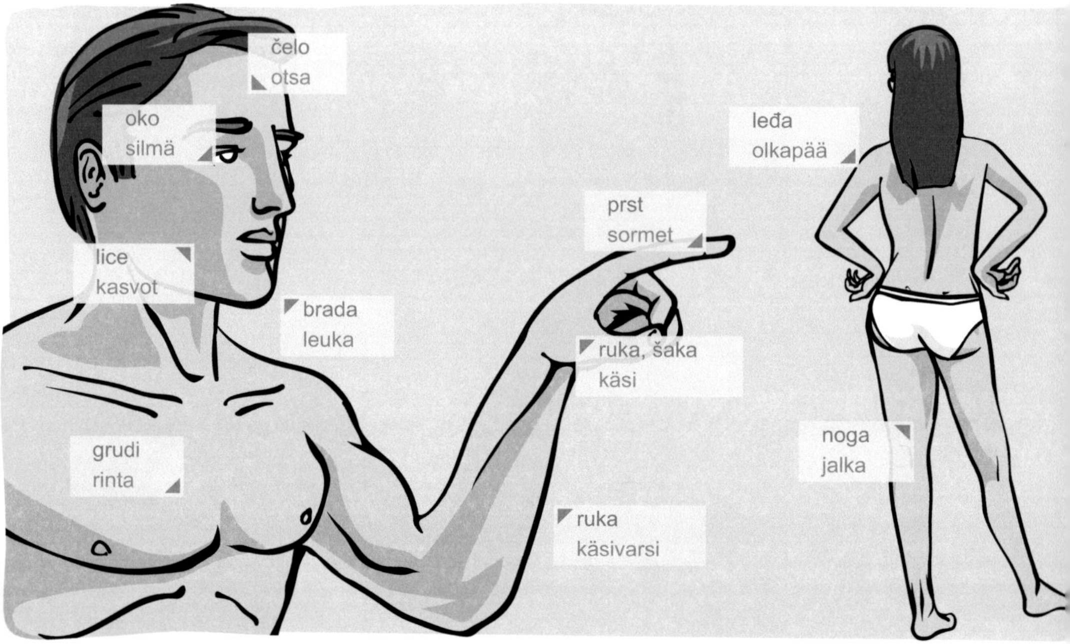

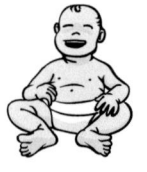

beba
vauva

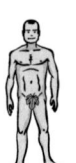

muškarac
mies

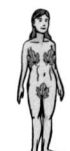

žena
nainen

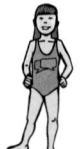

djevojčica
tyttö

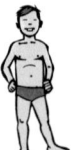

dječak
poika

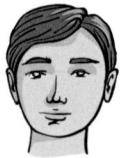

glava
pää

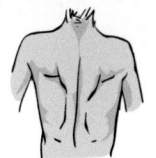

leđa

selkä

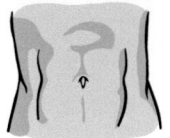

stomak

maha

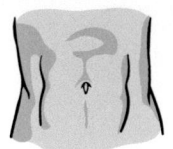

pupak

napa

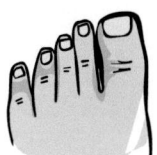

nožni prst

varvas

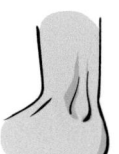

peta

kantapää

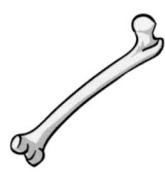

kosti

luu

kuk

lantio

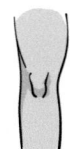

koljeno

polvi

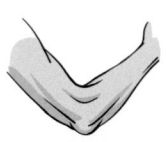

lakat

kyynärpää

nos

nenä

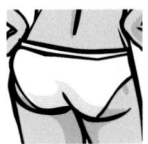

stražnjica

takapuoli

koža

iho

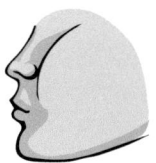

obraz

poski

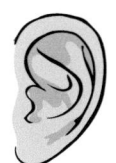

uho

korva

usna

huuli

usta

suu

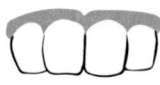

zub

hammas

jezik

kieli

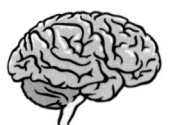

mozak

aivot

srce

sydän

mišić

lihas

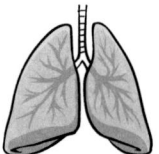

pluća

keuhkot

jetra

maksa

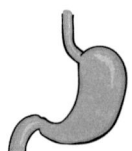

želudac

vatsa

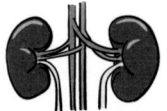

bubreg

munuaiset

spolni odnos

seksi

kondom

kondomi

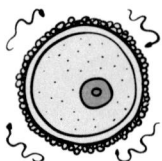

jajna ćelija

munasolu

sperma

sperma

trudnoća

raskaus

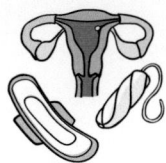

menstruacija
kuukautiset

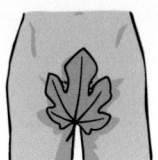

vagina
vagina

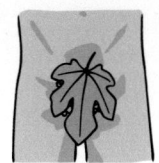

penis
penis

obrva
kulmakarvat

kosa
hiukset

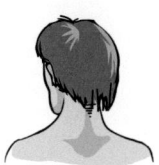

vrat
niska

bolnica
sairaala

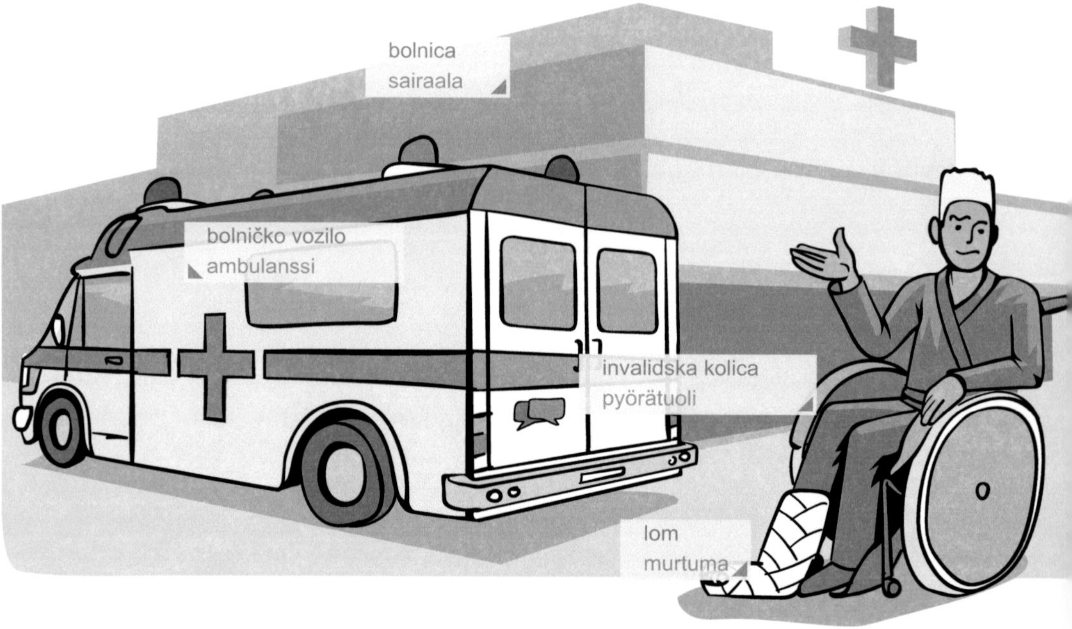

bolnica
sairaala
bolničko vozilo
ambulanssi
invalidska kolica
pyörätuoli
lom
murtuma

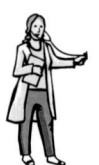

ljekar

lääkäri

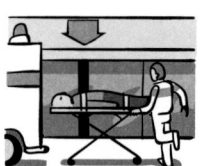

hitna služba

ensiapu

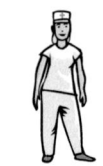

medicinska sestra

sairaanhoitaja

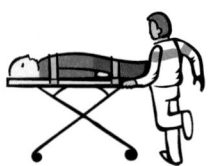

hitna pomoć

hätätilanne

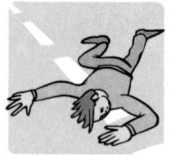

nesvjest

tajuton

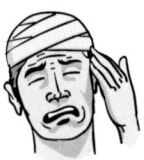

bol

kipu

povreda

vamma

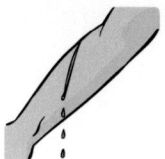

krvarenje

verenvuoto

srčani udar, infarkt

sydänkohtaus

moždani udar

aivoinfarkti

alergija

allergia

kašalj

yskä

groznica

kuume

gripa

flunssa

proljev

ripuli

glavobolja

päänsärky

rak

syöpä

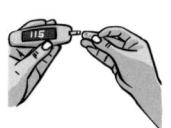

dijabetes

diabetes

hirurg

kirurgi

skalpel

veitsi

operacija

leikkaus

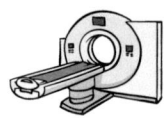

CT
ct

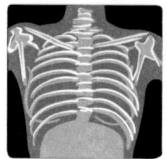

rendgen
röntgen

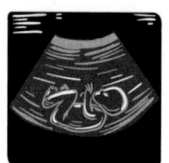

ultrazvuk
ultraääni

maska
maski

bolest
sairaus

čekaonica
odotushuone

štake
sauva

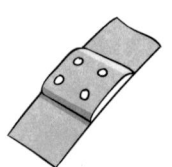

flaster
laastari

zavoj
side

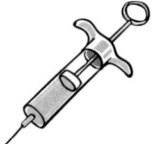

injekcija
pistos

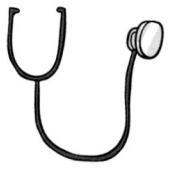

stetoskop
stetoskooppi

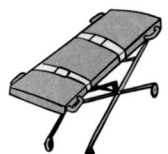

nosilo
paarit

termometar
kuumemittari

porod
syntymä

prekomjerna težina, debljina

ylipaino

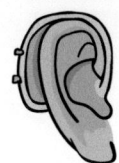

slušni aparat

kuulolaite

sredstvo za dezinfekciju

desinfiointiaine

infekcija

infektio

virus

virus

HIV/ AIDS

HIV / AIDS

medicina

lääke

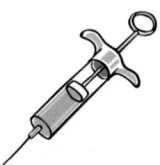

vakcinacija

rokotus

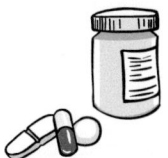

tablete

tabletit

pilula

pilleri

hitni poziv

hätäpuhelu

aparat za mjerenje pritiska

verenpainemittari

bolestan / zdrav

sairas / terve

Upomoć! Apua!	 alarm hälytys	 napad, prepad ryöstö
 napad hyökkäys	 opasnost vaara	 izlaz u slučaju opasnosti hätäuloskäynti
	 vatrogasni aparat palosammutin	 nezgoda onnettomuus

Požar!
 Tulipalo!

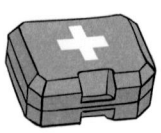
 torba prve pomoći <br> ensiapulaukku

 SOS
 SOS

 policija <br> poliisilaitos

Europa

Eurooppa

Sjeverna Amerika

Pohjois-Amerikka

Južna Amerika

Etelä-Amerikka

Afrika

Afrikka

Azija

Aasia

Australija

Australia

Atlantik

Atlantin valtameri

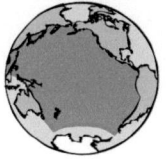

Pacifik

Tyynimeri

Indijski okean

Intian valtameri

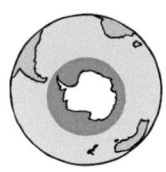

Antarktički okean

Eteläinen jäämeri

Arktički okean

Pohjoinen jäämeri

Sjeverni pol

pohjoisnapa

Južni pol
....
etelänapa

Antarktik
....
Antarktis

Zemlja
....
maa

zemlja
....
maa

more
....
meri

ostrvo
....
saari

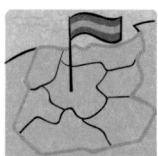

nacija
....
kansa

država
....
osavaltio

brojčanik sata

kellotaulu

kazaljka sata

tuntiviisari

kazaljka minute

minuuttiviisari

kazaljka sekunde

sekuntiviisari

Koliko je sati?

Paljonko kello on?

dan

päivä

vrijeme

aika

sada

nyt

digitalni sat

digitaalikello

minuta

minuutti

sat

tunti

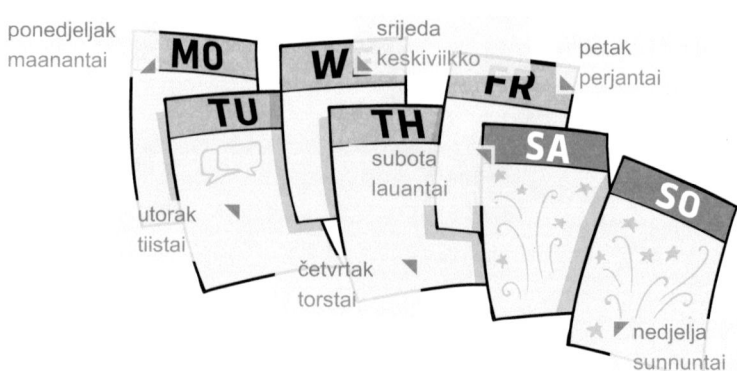

ponedjeljak
maanantai

srijeda
keskiviikko

petak
perjantai

utorak
tiistai

subota
lauantai

četvrtak
torstai

nedjelja
sunnuntai

juče

eilen

danas

tänään

sutra

huomenna

jutro

aamu

podne

keskipäivä

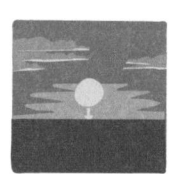

veče

ilta

radni dani

työpäivät

vikend

viikonloppu

kiša
sade

duga
sateenkaari

vjetar
tuuli

snijeg
lumi

proljeće
kevät

jesen
syksy

ljeto
kesä

zima
talvi

4.APRIL	11°	☀
5.APRIL	4°	
6.APRIL	13°	
7.APRIL	8°	❄
8.APRIL	10°	☀

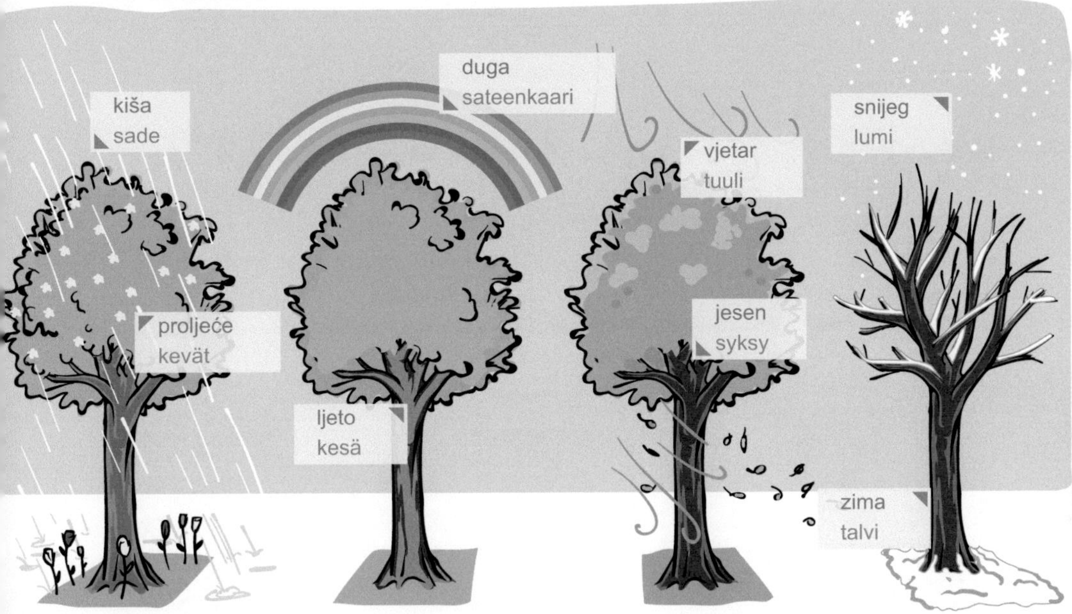

prognoza vremena

sääennuste

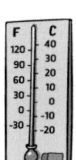

termometar

lämpömittari

sunčev sjaj

auringonpaiste

oblak

pilvi

magla

sumu

vlažnost vazduha

ilmankosteus

munja

salama

grom

ukkonen

oluja

myrsky

tuča, led

rae

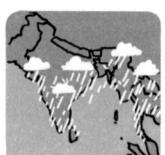

monsun

monsuuni

poplava

tulva

led

jää

januar

tammikuu

februar

helmikuu

mart

maaliskuu

april

huhtikuu

maj

toukokuu

juni

kesäkuu

juli

heinäkuu

avgust

elokuu

septembar
syyskuu

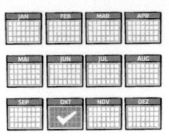

oktobar
lokakuu

novembar
marraskuu

decembar
joulukuu

oblici
muodot

krug
ympyrä

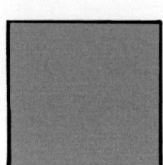

kvadrat
neliö

pravougao
suorakulmio

trougao
kolmio

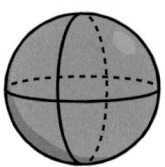

kugla
pallo

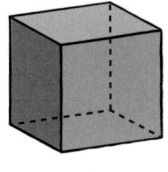

kocka
kuutio

bjel

valkoinen

žut

keltainen

narandžast

oranssi

pink

vaaleanpunainen

crven

punainen

ljubičast

violetti

plav

sininen

zelen

vihreä

smeđ

ruskea

siv

harmaa

crn

musta

malo / mnogo

paljon / vähän

ljutit / miran

vihainen / ystävällinen

lijep / ružan

kaunis / ruma

početak / kraj

alku / loppu

veliki / mali

suuri / pieni

svijetlo / tamno

vaalea / tumma

brat / sestra

veli / sisko

čist / prljav

puhdas / likainen

potpun / nepotpun

täydellinen / epätäydellinen

dan / noć

päivä / yö

mrtav / živ

kuollut / elävä

široko / usko

leveä / kapea

ukusno / neukusno

syötävä / syömäkelvoton

zao / prijatan

paha / kiltti

uzbuđen / dosadan

innostunut / tylsistynyt

debeo / mršav

lihava / laiha

najprije / najkasnije

ensimmäinen / viimeinen

prijatelj / neprijatelj

ystävä / vihollinen

pun / prazan

täysi / tyhjä

trvd / mekan

kova / pehmeä

težak / lagan

painava / kevyt

glad / žeđ

nälkä / jano

bolestan / zdrav

sairas / terve

ilegalan / legalan

laiton / laillinen

inteligentan / glup

älykäs / tyhmä

lijevo / desno

vasen / oikea

blizu / daleko

lähellä / kaukana

nov / polovan

uusi / käytetty

ništa / nešto

ei mitään / jotain

star / mlad

vanha / nuori

uključeno / isključeno

päällä / pois päältä

otvoreno / zatvoreno

auki / kiinni

tiho / glasno

hiljainen / äänekäs

bogat / siromašan

rikas / köyhä

tačno / pogrešno

oikein / väärin

hrapav / glatak

karhea / sileä

tužan / srećan

surullinen / iloinen

kratak / dug

lyhyt / pitkä

spor / brz

hidas / nopea

mokro / suho

märkä / kuiva

toplo / hladno

lämmin / viileä

rat / mir

sota / rauha

0

nula

nolla

1

jedan

yksi

2

dva

kaksi

3

tri

kolme

4

četiri

neljä

5

pet

viisi

6

šest

kuusi

7

sedam

seitsemän

8

osam

kahdeksan

9

devet

yhdeksän

10

deset

kymmenen

11

jedanaest

yksitoista

12	**13**	**14**
dvanaest	trinaest	četrnaest
kaksitoista	kolmetoista	neljätoista

15	**16**	**17**
petnaest	šesnaest	sedamnaest
viisitoista	kuusitoista	seitsemäntoista

18	**19**	**20**
osamnaest	devetnaest	dvadeset
kahdeksantoista	yhdeksäntoista	kaksikymmentä

100	**1.000**	**1.000.000**
sto	hiljada	milion
sata	tuhat	miljoona

engleski

englanti

američki engleski

amerikanenglanti

kinesko mandarinski

mandariinikiina

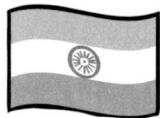

hindi

hindi

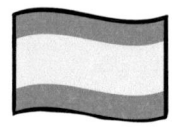

španski

espanja

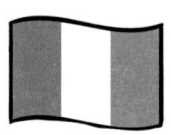

francuski

ranska

arapski

arabia

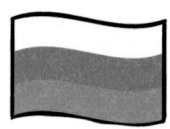

ruski

venäjä

portugalski

portugali

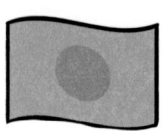

bengalski

bengali

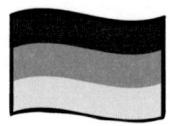

njemački

saksa

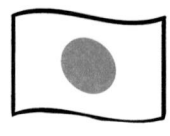

japanski

japani

ja
....
minä

ti
....
sinä

on / ona / ono
....
hän

mi
....
me

vi
....
te

oni
....
he

ko?
....
kuka?

šta?
....
mitä / mikä?

kako?
....
miten?

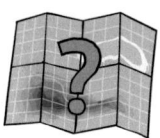

gdje?
....
missä?

kada?
....
milloin?

ime
....
nimi

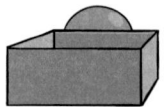

iza
....
takana

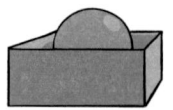

u
....
sisällä

pred
....
edessä

iznad
....
yläpuolella

na
....
päällä

ispod
....
alapuolella

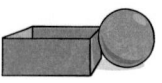

pored
....
vieressä

između
....
välissä

mjesto
....
paikka